Kuchen mit flüssigem Kern – diese köstlichen kleinen Nachtisch-Versuchungen kommen aus
Frankreich und haben dort ganz verschiedene Namen: Moelleux, Coullants, Fondants, Mi-Cuits …
Wie diese sich genau voneinander unterscheiden, wissen selbst die Franzosen nicht immer genau. In
Deutschland sind hier und da die ersten Rezepte unter den Namen warme Schokoküchlein, Kuchen
mit flüssigem Kern, aber auch als Schoko-Malheur bei verschiedenen Köchen aufgetaucht – in
Frankreich wurde die bezaubernde Grundidee nun in vielen verführerischen Versionen variiert.

Zum Dahinschmelzen

Kleine Kuchen mit flüssigem Kern

Paul Simon
Fotos von Akiko Ida
Styling Stéphanie Huré

VORSICHT, SCHWIERIG ZU BERECHNENDE BACKZEITEN!
Die Backzeiten der lauwarmen Küchlein mit flüssigem Kern sind, wie bei allen Patisserie-Produkten,
schwierig zu berechnen, da die Backofentemperaturen von Ofentyp zu Ofentyp sowie zwischen reinen
Umluftöfen, Elektro- oder Gasbacköfen beträchtlich variieren können.
Die Mehrheit dieser Rezepte ist mit Backformen (Dessert- oder Ausstechringen) aus rostfreiem Stahl von
70 mm Durchmesser und 45 mm Höhe getestet worden; Form und Material der Backformen
oder Ausstechringe können sowohl die Backzeiten als auch die Beschaffenheit der Küchlein
beträchtlich verändern.
Es ist daher ratsam, die Backzeit genau zu überwachen.

Jan Thorbecke Verlag

Inhaltsverzeichnis

Das Material

Zum Backen

Dessertringe und Ausstechformen
Ob rund, viereckig, herzförmig … all diese Formen bieten sich für das Backen von kleinen Kuchen an. Es genügt, sie mit Backpapier auszukleiden und auf ein (wiederum mit Backpapier belegtes) Backblech zu stellen; Lösen Sie die Küchlein später mit einem Pfannenheber aus Metall vom Blech und nehmen Sie den Dessertring einfach ab.

Aluminiumbackformen und Papierbackförmchen
Mit Butter eingefettete und bemehlte Aluminiumförmchen sind sehr einfach zu handhaben; aus den Papierförmchen lassen sich die Küchlein leicht lösen, und sie sind zudem noch dekorativ: ideal zum Beispiel für Picknicks.

Silikon-Backmatten
Diese gibt es in zahlreichen Varianten, allerdings nicht immer für unsere Rezepte geeignet, da sechs Mulden in einem Verband schwierig zu handhaben sind. Bei sehr flüssigen Kernen wird die Angelegenheit regelrecht kompliziert. Denken Sie daran, den Boden kleiner Formen mit Backpapier auszulegen, damit kein Krümel hängen bleibt!

Für die Füllung

Eine Backmatte mit Halbkugelmulden ist für die Herstellung kleiner Trüffel- oder Ganachefüllungen (siehe Seite 28) einfach ideal. Ebenso gut kann man allerdings verschiedene einzelne Backformen oder Eiswürfelformen benutzen.

Kleine Kuchen mit persönlicher Note

Die Grundrezepte für Küchlein mit flüssigem Kern auf den nachfolgenden Seiten dürften jeden Feinschmecker glücklich machen. Darüber hinaus gibt es zahlreiche fertige Süßwaren zu kaufen, die sich ebenfalls bei der Herstellung von feinem Gebäck und Desserts verwenden lassen.

Lassen Sie sich inspirieren von dem Angebot an Schokoladenriegeln, Bonbons, süßen Aufstrichen, Konfitüren und anderen Schokoladenartikeln, Pralinen und Naschwerk.

Indem Sie ein Stückchen von diesem oder einige Teelöffel von jenem dazugeben, verwandeln Sie Ihre Küchlein in echte Überraschungs-Leckereien: mit einem Maximum an Wirkung und einem Minimum an Aufwand ...

Lassen Sie Ihrer Phantasie freien Lauf: Zahllose Kombinationsmöglichkeiten bieten sich an!

Das Original: Bitterschokoladen-Malheur

2 Eier
50 g Rohzucker (brauner Zucker)
1 Esslöffel Mehl
1 Esslöffel Speisestärke
140 g Bitterschokolade (70 % Kakaoanteil)
110 g Butter
3 Esslöffel süße Sahne

1. Backofen auf 200 °C (Thermostat 6–7, Gas Stufe 4) vorheizen. 4 Außenring-Ausstechformen (sogenannte Dessertringe) buttern und bemehlen (oder mit Backpapier auskleiden) und anschließend auf ein mit Backpapier ausgelegtes Backblech stellen.

2. Eier und Rohzucker mischen und zu einer weißlichen, schaumigen Masse aufschlagen. Das durchgesiebte Mehl und die Speisestärke unterheben und weiter schlagen.

3. Die Schokolade zusammen mit der Butter und der süßen Sahne im Wasserbad schmelzen.

4. Die Schokoladenmasse solange in die Eier-Zucker-Mehl-Mischung rühren, bis ein glatter, geschmeidiger Teig entsteht.

5. Die Dessertringe mit der Schokoladenmasse füllen, das Blech in den Ofen schieben und 6 bis 7 Minuten backen. Die Küchlein müssen sich unter leichtem Druck noch sehr weich anfühlen. Aus der Form nehmen und sofort servieren.

Möchten Sie ein Bitterschokoladen-Malheur mit Bitterschokolade, Konfitüre oder einer anderen Köstlichkeit garnieren, sollten Sie den rohen Teig unbedingt mindestens eine Stunde vor der Verarbeitung im Kühlschrank ruhen lassen, um eine kompaktere Konsistenz zu erzielen.

4 Variationen eines Bitterschokoladen-Malheurs

Bereiten Sie den Teig für das Malheur zu (siehe vorige Seite).
Füllen Sie die ausgebutterten und bemehlten Formen zur Hälfte mit der Teigmasse und
geben Sie anschließend auf den Teig für die Geschmacksrichtung …

Schokolade pur <small>(OBEN LINKS)</small>
2 Stück Bitterschokolade

Nougat <small>(UNTEN LINKS)</small>
1 Stück Nougat-Schokolade

Karamell <small>(OBEN RECHTS)</small>
1 Teelöffel Milchkonfitüre (Dulce de Leche)

Schwarzkirsche <small>(UNTEN RECHTS)</small>
1 Teelöffel Süßkirschenmarmelade

… anschließend den restlichen Teig darüber geben,
bis die Formen zu 2/3 gefüllt sind. Backen, wie im
Originalrezept angegeben.

*Falls das Herausnehmen aus der Form Schwierigkeiten
machen sollte, lässt man die Küchlein in der Form abkühlen
und erwärmt sie anschließend kurz in der Mikrowelle.*

Milchschokoladen-Malheur

80 g Zucker
3 Eier
1 Esslöffel Mehl
150 g Milchschokolade
40 g Butter

1. Ofen auf 200 °C (Thermostat 6–7, Gas Stufe 4) vorheizen. Vier Dessertringe (Außenring-Ausstecher) buttern, mit Mehl bestäuben (oder mit Backpapier auskleiden) und auf ein mit Backpapier belegtes Blech stellen.

2. Zucker und Eier mischen und zu einer hellen, schaumigen Masse aufschlagen. Das gesiebte Mehl unterheben und weiter schlagen.

3. Die Milchschokolade und die Butter im Wasserbad schmelzen.

4. Die Schokoladenmasse in die Eier-Zucker-Mehl-Mischung einrühren, bis ein glatter Teig entsteht.

5. Den Milchschokoladenteig in die Formen füllen, das Blech in den Ofen schieben und 6 bis 7 Minuten backen. Die kleinen Kuchen müssen sich unter leichtem Druck sehr weich anfühlen. Aus der Form stürzen und sofort servieren.

Die Backzeit bestimmt, wie flüssig das Innenleben des Schokoladenmalheurs wird.

4 Variationen eines Milchschokoladen-Malheurs

Stellen Sie den Teig für ein Schokoladen-Malheur her (siehe vorige Seite).

Füllen Sie ausgebutterte und mit Mehl bestäubte Einzelförmchen zur Hälfte mit der Masse und legen Sie darauf für die Geschmacksrichtung …

Schokolade pur (OBEN LINKS)

2 Stück Milchschokolade

Karamell (UNTEN LINKS)

2 cremig-weiche Karamellbonbons, dicht aneinandergelegt

Twix-Schokoriegel (OBEN RECHTS)

½ Schokoriegel, zerdrückt und aufgehäuft

Nutella (UNTEN RECHTS)

1 Teelöffel Nutella

… anschließend mit der Teigmasse die Förmchen bis auf ⅔ auffüllen. Nach Originalrezept backen.

Die Variationen lassen sich zwischen Milchschokoladen- und Bitterschokoladen-Malheur austauschen.

Weiße Schokoladenmalheurs

75 g Zucker
3 Eier
3 Esslöffel Mehl
1 Esslöffel geriebene Mandeln
130 g weiße Schokolade
60 g Butter
2 Esslöffel süße Sahne

1. Den Backofen auf 200 °C (Thermostat 6–7, Gas Stufe 4) vorheizen. 4 Ausstechringe buttern, mit Mehl bestäuben (oder mit Backpapier auskleiden) und auf ein mit Backpapier ausgelegtes Backblech stellen.

2. Zucker und Eier in eine Schüssel geben und zu einer hellen, schaumigen Masse aufschlagen. Das gesiebte Mehl und die geriebenen Mandeln unterheben und weiter aufschlagen.

3. Die Schokolade, die Butter und die süße Sahne im mäßig warmen Wasserbad schmelzen (weiße Schokolade darf nicht über 45 °C erhitzt werden).

4. Die Schokoladenmasse in die Eier-Zucker-Mehl-Mischung einrühren, bis ein glatter, cremiger Teig entsteht.

5. Die Dessertringe zu ²/₃ mit der weißen Schokoladencreme füllen, in den Ofen schieben und 6 bis 7 Minuten backen. Die Küchlein müssen unter leichtem Druck noch sehr weich sein. Aus der Form nehmen und sofort servieren.

Sie können auch Silikonformen benutzen,
doch lassen sich die warmen Küchlein nur schwer
unbeschadet aus der Form nehmen.

4 Variationen eines Weißen Schokoladenmalheurs

Stellen Sie den Teig nach dem Grundrezept für ein Schokomalheur mit weißer Schokolade her (siehe vorige Seite). Anschließend die gebutterten und bemehlten Portionsförmchen zur Hälfte mit dem Teig befüllen. Darauf legen Sie für die besondere Geschmacksnote …

Weiße Schokolade hoch zwei (OBEN LINKS)

2 Stücke weiße Schokolade

Nougat (UNTEN LINKS)

1 Stück weicher, weißer Nugat (türkischer Honig bzw. Halva), zu einer Kugel geformt, oder 1 Nappo

Rote Johannisbeere (OBEN RECHTS)

1 Teelöffel Johannisbeerkonfitüre

Maronencreme (UNTEN RECHTS)

1 Teelöffel Maronencreme (Crème de Marrons)

… anschließend die Portionsformen bis zu $2/3$ mit dem Schokoladenteig auffüllen. Nach dem Grundrezept backen.

Für immer wieder neue genussvolle Variationen können Sie den Grundteig im Voraus zubereiten und (in einer Silikonform) im Tiefkühler vorhalten.

Karamellküchlein mit flüssigem Kern

150 g Zucker
100 g mild gesalzene Butter
6 Esslöffel süße Sahne
4 Eier
140 g Mehl

1. Den Backofen auf 180 °C (Thermostat 6, Gas Stufe 3) vorheizen. 4 Dessertringe buttern und bemehlen (oder mit Backpapier auskleiden) und auf ein mit Backpapier belegtes Backblech stellen.

2. In einem Stieltopf den Zucker mit ein bis drei Esslöffeln Wasser vorsichtig bei starker Hitze karamellisieren. Kurz köcheln lassen, bis er eine schöne Färbung angenommen hat, dabei nicht aus den Augen lassen, er brennt leicht an.

3. Die mild gesalzene Butter und die süße Sahne unterrühren und etwas abkühlen lassen, bis die Mischung lauwarm ist.

4. Anschließend die Eier und das gesiebte Mehl unterrühren.

5. Die Dessertringe zu ¾ mit der Karamellmasse befüllen. In den Ofen schieben und 7 bis 8 Minuten backen. Vorsichtig aus den Formen heben und sofort servieren.

Wie bei den Schokoladenmalheurs ist es auch hier die Backzeit, die die mehr oder weniger flüssige Konsistenz des Karamellkerns bestimmt.

Pistazienküchlein mit einem Kern aus Mandelkonfekt

KÜCHLEINTEIG
100 g ungesalzene Pistazienkerne
70 g Butter
1 Ei + 1 Eigelb
100 g Puderzucker
1 Teelöffel Pistazienpaste
6 Esslöffel süße Sahne

MANDELKONFEKT-FÜLLUNG
10 Calissons
3 Esslöffel süße Sahne

FÜR DIE CALISSONS
250 g Mandeln
250 g feiner Zucker
1 Esslöffel Aprikosenmarmelade
1 Esslöffel Honig
1 Messerspitze Zimt
250 g Puderzucker
1 Eiweiß

1. Für die Küchlein die Pistazien sehr fein mahlen. Die Butter in der Mikrowelle schmelzen.

2. Das Ei und das Eigelb mit dem Puderzucker verrühren. Die süße Sahne, die gemahlenen Pistazien, die Pistazienpaste und die geschmolzene Butter unterrühren. Anschließend den Teig in den Kühlschrank stellen.

3. Für die Füllung die Calissons und die süße Sahne vermengen. Mit den Händen daraus kleine Kugeln formen und diese 1 Stunde in das Gefrierfach legen.

4. Den Backofen auf 200 °C (Thermostat 6–7, Gas Stufe 4) vorheizen. 4 Dessertringe (Ausstechringe) buttern und bemehlen (oder mit Backpapier auskleiden) und auf ein mit Backpapier ausgelegtes Blech stellen. Die Formen zu ⅔ mit dem Pistazienteig füllen. In die Mitte eine Calissonkugel drücken. In den Ofen schieben und 10 Minuten backen.

Calissons sind eine Spezialität aus Südfrankreich, die sich leicht herstellen lässt:

1. Geschälte Mandel mit dem Zucker im Mixer zerkleinern.

2. Aprikosenmarmelade, Honig und Zimt unter die Mandelmasse kneten und etwa 1 cm dick auf ein Brett aufstreichen. Kleine, rautenförmige Calissons ausstechen.

3. Puderzucker mit dem Eiweiß zu einem schaumigen Guss schlagen. Die Calissons damit bestreichen und etwa 8 Stunden an der Luft trocknen lassen.

Alles Marone

KÜCHLEINTEIG
60 g Butter
2 Eier
30 g Mehl
200 g Maronencreme (Crème de Marrons)
50 g zerbröckelte kandierte Esskastanien
(Marrons glacés)

MARONENFÜLLUNG
50 g Maronencreme (Crème de Marrons)
1 Esslöffel Doppelrahm, mind. 38% Fett
(Crème double)

1. Für den Küchleinteig die Butter in der Mikrowelle schmelzen. Die Eier in eine Schüssel geben und leicht cremig schlagen. Anschließend die geschmolzene Butter, Mehl und die Maronencreme hinzufügen. Die zerbröckelten kandierten Esskastanien unterheben.

2. Für die Füllung die Maronencreme mit Doppelrahm (Crème double) verrühren.

3. 4 Dessertringe buttern und bemehlen (oder mit Backpapier auskleiden) und auf ein mit Backpapier ausgelegtes Backblech stellen. Die Förmchen zu ¾ befüllen und anschließend vor der Weiterverwendung 30 Minuten in den Kühlschrank geben.

4. Den Backofen auf 180 °C (Thermostat 6, Gas Stufe 3) vorheizen. Die befüllten Förmchen aus dem Kühlschrank nehmen, in die Mitte jeder Füllung einen Teelöffel der Sahne-Maronencreme geben. In den Ofen schieben und 7 bis 8 Minuten backen. Anschließend vorsichtig aus der Form stürzen.

Maronen- oder Esskastaniencreme ist inzwischen auch in Deutschland erhältlich, kandierte Maronen dagegen nur schwer. Man kann aber gekochte, eingeschweißte Maronen kaufen und selbst kandieren, indem man aus Zucker, Vanillezucker und Wasser einen Sirup kocht und die Maronen darin erst 10 Minuten kochen und dann 24 Stunden ziehen lässt.

Alles Mandel

KÜCHLEINTEIG
70 g Butter
1 Ei + 1 Eigelb
100 g Puderzucker
100 g gemahlene Mandeln
6 Esslöffel süße Sahne
einige Tropfen Bittermandelaroma

MANDELFÜLLUNG
1 Esslöffel süße Sahne
50 g Marzipan
25 g weiße Schokolade

1. Für den Mandelteig die Butter in der Mikrowelle schmelzen. Die Eier, den Zucker und die gemahlenen Mandeln mischen. Die Sahne und die geschmolzene Butter unterrühren und anschließend einige Tropfen Bittermandelaroma hinzugeben.

2. Den Teig in 4 einzelne Muffinformen oder in feste Papierförmchen geben und 30 Minuten kühl stellen.

3. Für die Füllung die süße Sahne in das Marzipan einrühren. Anschließend die Schokolade in einem mäßig warmen Wasserbad schmelzen (Vorsicht: weiße Schokolade gerinnt schon bei 45 °C) und zu der Marzipanmasse geben.

4. Den Backofen auf 180 °C (Thermostat 6, Gas Stufe 3) vorheizen. Die Formen aus dem Kühlschrank nehmen, in die Mitte jeder Teigmasse einen reichlichen Teelöffel Mandelfüllung geben. In den Ofen schieben und 7 bis 8 Minuten backen.

Früchte und Mandeln passen gut zusammen. Einen gehäuften Teelöffel einer aromatischen, selbst gemachten Konfitüre auf die Füllung geben, und schon entsteht ein völlig neues Küchlein!

Ganachefüllungen

Eine andere Möglichkeit, einen flüssigen Kern in einen kleinen Kuchen zu zaubern, sind Füllungen auf Schokoladenbasis: die Ganaches. Sie erlauben zahlreiche Kombinationen und können im Voraus zubereitet werden. Die Technik ist bei allen Schokoladensorten (weiße, dunkle oder helle Schokolade) dieselbe.

1. Die Schokolade im Wasserbad mit der Sahne und dem jeweiligen Aromageber schmelzen. Gut durchrühren, um eine homogene Masse zu erzeugen.
(OBEN RECHTS)

2. Die Ganache in Halbkugelformen aus Silikon (oder eine Eiswürfelform) füllen. In den Kühlschrank (oder je nach Rezept in den Gefrierschrank) stellen.
(UNTEN LINKS)

Kurz bevor die kleinen Kuchen in den Ofen geschoben werden, die Ganache-Halbkugeln aus der Form lösen, aus zwei Halbkugelformen eine Kugel formen und in die Mitte der noch ungebackenen Kuchen eindrücken.
(UNTEN RECHTS)

HIMBEERFÜLLUNG
200 g weiße Schokolade
100 g zerkleinerte Himbeeren
50 g passierte, ungesüßte Himbeeren

PISTAZIENFÜLLUNG
200 g weiße Schokolade
2 Esslöffel süße Sahne
2 Esslöffel Pistazienpaste

WEISSE SCHOKOLADENFÜLLUNG
200 g weiße Schokolade
50 g Butter
2 Esslöffel süße Sahne

DUNKLE SCHOKOLADENFÜLLUNG
200 g Zartbitterschokolade
70 g Butter
5 Esslöffel süße Sahne

MILCHSCHOKOLADENFÜLLUNG
200 g Milchschokolade
50 g Butter
4 Esslöffel süße Sahne

Bitterschokoladenküchlein mit Orangenfüllung

KÜCHLEINTEIG

2 Eier

50 g Rohzucker (brauner Zucker)

1 Esslöffel Mehl

1 Esslöffel Speisestärke

140 g Bitterschokolade (70% Kakaoanteil)

110 g Butter

3 Esslöffel süße Sahne

ORANGENFÜLLUNG

60 g Milchschokolade

1 Esslöffel süße Sahne

1 Schuss Cointreau (Orangenlikör)

Orangenzesten

10 g Orangeat (kandierte Orangenschale)

1. Für die Füllung die Milchschokolade in der Sahne und dem Cointreau im Wasserbad schmelzen. Die Orangenzesten fein hacken und zusammen mit dem Orangeat in die Schokoladenmischung rühren.

2. Die Ganache-Masse in die Halbkugelformen aus Silikon füllen, 1 Stunde kaltstellen.

3. Inzwischen den Teig zubereiten. Die Eier und den Rohzucker mischen und zu einer hellen, schaumigen Masse aufschlagen. Das durchgesiebte Mehl und die Speisestärke hinzufügen und weiter schlagen.

4. Die Schokolade, die Butter und die süße Sahne im Wasserbad schmelzen.

5. Die Schokolade unter die Eier-Zucker-Mehl-Masse heben und alles zu einem glatten Teig verrühren. Den Teig 1 Stunde kaltstellen.

6. Den Backofen auf 200 °C (Thermostat 6–7, Gas Stufe 4) vorheizen. 4 Ausstechringe buttern und bemehlen (oder mit Backpapier auskleiden) und auf ein mit Backpapier ausgelegtes Backblech stellen. Mit der Teigmischung füllen. Jeweils eine Orangenfüllung (2 zusammengefügte Halbkugelformen) in die Mitte setzen und leicht eindrücken. In den Ofen schieben und 6 bis 7 Minuten backen.

Milchschokoladenküchlein mit Karamellfüllung

KÜCHLEINTEIG
3 Eier
80 g Zucker
1 Esslöffel Mehl
150 g Milchschokolade
40 g Butter

KARAMELLFÜLLUNG
4 weiche Karamellbonbons
(oder 2 Carambar-Riegel)
2 Esslöffel süße Sahne
50 g Milchschokolade

1. Für die Füllung die Karamellbonbons in der süßen Sahne im Wasserbad schmelzen und die Milchschokolade hinzufügen.

2. Die Masse in Halbkugelformen aus Silikon geben und 1 Stunde einfrieren.

3. Inzwischen die Küchlein vorbereiten. Eier und Zucker mischen und zu einer hellen, schaumigen Masse aufschlagen. Das gesiebte Mehl hinzufügen und weiter schlagen. Die Milchschokolade und die Butter im Wasserbad schmelzen.

4. Die Schokolade unter die Eier-Zucker-Mehl-Masse mengen und rühren, bis ein glatter Teig entsteht.

5. Backofen auf 200 °C (Thermostat 6–7, Gas Stufe 4) vorheizen. 4 einzelne Formen buttern und bemehlen und mit der Masse befüllen. In die Mitte die Karamellfüllung (2 Halbkugeln) geben und leicht eindrücken. In den Ofen schieben und 6 bis 7 Minuten backen.

Bitterschokoladenküchlein mit Vanillefüllung

KÜCHLEINTEIG
2 Eier
50 g Rohzucker (brauner Zucker)
1 Esslöffel Mehl
1 Esslöffel Speisestärke
140 g Bitterschokolade
(70 % Kakaoanteil)
110 g Butter
3 Esslöffel süße Sahne

VANILLEFÜLLUNG
1 Ei
2 Esslöffel Zucker
1 Esslöffel Mehl
100 ml Milch
10 g Butter
1 Vanilleschote
2 Esslöffel süße Sahne

1. Für die Füllung das Ei mit dem Zucker schaumig schlagen, bis die Masse eine weißliche Färbung annimmt. Das gesiebte Mehl unterheben.

2. Die Milch mit der Butter, dem Mark der Vanilleschote und der Schote aufkochen. Alles in die schaumige Eimasse geben, unterrühren, in den Topf zurückgießen und bei schwacher Hitze 10 Minuten unter ständigem Rühren leicht köcheln lassen, bis die Creme eindickt. Die Vanilleschote entfernen.

3. Die Vanillecreme erkalten lassen. Ist sie lauwarm, die sehr kalte Sahne steif schlagen. Mit einem Teigschaber die Schlagsahne unter die Vanillecreme heben.

4. Die Vanillecreme in eine Silikonmatte mit Halbkugelmulden geben und 1 Stunde gefrieren lassen.

5. Inzwischen den Kuchenteig zubereiten. Die Eier und den Rohzucker mischen und zu einer hellen, schaumigen Masse aufschlagen. Das gesiebte Mehl und die Speisestärke hinzugeben und weiter schlagen. Die Schokolade mit der Butter und der flüssigen Sahne im Wasserbad schmelzen. Beide zu einem glatten Teig verrühren. Diesen 1 Stunde im Kühlschrank ruhen lassen.

6. Den Backofen auf 200 °C (Thermostat 6–7, Gas Stufe 4) vorheizen. Die Silikonformen buttern und bemehlen und mit der Teigmasse füllen. In die Mitte eine Vanillefüllung (2 Halbkugeln) legen und leicht eindrücken. In den Ofen schieben und 6 bis 7 Minuten backen.

Bitterschokoladenküchlein mit Kaffeefüllung

KÜCHLEINTEIG

2 Eier

50 g Rohzucker (brauner Zucker)

1 Esslöffel Mehl

1 Esslöffel Speisestärke

140 g Bitterschokolade
(70 % Kakaoanteil)

110 g Butter

3 Esslöffel süße Sahne

KAFFEEFÜLLUNG

50 g Bitterschokolade

½ Tasse Espresso

1 Esslöffel süße Sahne

1. Für die Füllung in einem Wasserbad die dunkle Schokolade in Kaffee und Sahne schmelzen lassen.

2. Die Kaffeecreme in die Halbkugelmulden einer Silikonmatte streichen und 1 Stunde gefrieren lassen.

3. In der Zwischenzeit den Küchleinteig vorbereiten. Die Eier und den Rohzucker mischen und zu einer weißlichen, schaumigen Masse aufschlagen. Das gesiebte Mehl und die Speisestärke hinzufügen und weiter schlagen.

4. Die Schokolade mit der Butter in der süßen Sahne im heißen Wasserbad schmelzen lassen.

5. Die aufgelöste Schokolade in die Eier-Zucker-Mehl-Mischung einrühren, bis ein glatter, geschmeidiger Teig entsteht.

6. Den Backofen auf 200 °C (Thermostat 6–7, Gas Stufe 4) vorheizen. 4 Dessertringformen buttern und bemehlen (oder mit Backpapier auskleiden) und anschließend auf ein mit Backpapier ausgelegtes Blech stellen. Mit der Schokoladenmasse füllen. Jeweils eine Kaffeefüllung (2 Halbkugeln) in die Mitte legen und leicht eindrücken. In den Ofen schieben und 6 bis 7 Minuten backen.

Bitterschokoladenküchlein mit Himbeerfüllung

KÜCHLEINTEIG
2 Eier
50 g Rohzucker (brauner Zucker)
1 Esslöffel Mehl
1 Esslöffel Speisestärke
(Maizena, Mondamin)
140 g Bitterschokolade
(70 % Kakaoanteil)
110 g Butter
3 Esslöffel süße Sahne

HIMBEERFÜLLUNG
30 g weiße Schokolade
2 Esslöffel süße Sahne
30 g passierte, ungesüßte Himbeeren
(Püree)
10 g frische Himbeeren, grob gehackt

1. Für die Himbeerfüllung die weiße Schokolade im lauwarmen Wasserbad schmelzen (Vorsicht: weiße Schokolade gerinnt schon bei 45 °C), die Sahne, das Himbeerpüree und die grob gehackten Himbeeren einrühren. Die Masse in Silikonmatten mit Halbkugelformen geben und 1 Stunde in die Tiefkühltruhe stellen.

2. In der Zwischenzeit den Kuchenteig zubereiten. Die Eier und den Rohzucker vermengen und schaumig schlagen, bis die Masse eine weißliche Färbung annimmt. Das gesiebte Mehl und die Speisestärke unterheben und weiter schlagen. Die Schokolade und die Butter in der Sahne im Wasserbad schmelzen.

3. Die Schokoladencreme zu der Eier-Zucker-Mehl-Mischung geben und rühren, bis die Masse eine glatte Konsistenz annimmt.

4. Den Ofen auf 200 °C (Thermostat 6–7, Gas Stufe 4) vorheizen. 4 hohe Dessertringe buttern und bemehlen (oder mit Backpapier auskleiden). Mit der Teigmasse füllen. Eine Himbeerkugel (2 Halbkugeln) in die Mitte legen und leicht eindrücken. In den Ofen schieben und 7 bis 8 Minuten backen.

Die Himbeere passt ausgezeichnet zu diesem Schokoladenküchlein: Sie setzt einen frischen und fruchtigen Akzent und ist damit ein guter Ausgleich zur Süße der Schokolade.

Himbeerküchlein mit Bitterschokoladenfüllung

KÜCHLEINTEIG
50 g frische Himbeeren
3 Eier
80 g Zucker
2 gehäufte Esslöffel Speisestärke
200 g passierte, ungesüßte Himbeeren

BITTERSCHOKOLADENFÜLLUNG
70 g Zartbitterschokolade
20 g Butter
3 Esslöffel süße Sahne

1. Für die Füllung die Zartbitterschokolade mit der Butter und der süßen Sahne im Wasserbad schmelzen lassen. Die Masse in die Halbkugelmulden einer Silikonmatte streichen und für 1 Stunde in das Gefrierfach stellen.

2. In der Zwischenzeit den Küchleinteig vorbereiten. Die Himbeeren grob zerkleinern.

3. Die Eier mit dem Zucker schaumig aufschlagen, die Speisestärke, das Himbeerpüree und anschließend die zerkleinerten Himbeeren hinzugeben.

4. Den Backofen auf 200 °C (Thermostat 6–7, Gas Stufe 4) vorheizen. 4 Portionsauflaufförmchen mit dem Himbeerteig zu ⅔ befüllen. In jedes Förmchen eine Bitterschokoladenkugel (2 Halbkugeln) legen und leicht eindrücken. In den Ofen schieben und 6 bis 7 Minuten backen. Vorsichtig aus der Form stürzen.

Etwas leicht gezuckerter Mascarpone,
eine Messerspitze Zimt und etwas Koriander
entfalten als Beigabe zu Himbeeren und
Schokolade völlig neue und genussvolle Aromen.

Schoko-Vanille-Küchlein mit Milchschokoladenfüllung

SCHOKO-VANILLE-BASIS
125 g Butter
110 g Mehl
2 Eier
90 g Zucker
1 Vanilleschote
40 g Kakaopulver
100 ml süße Sahne

MILCHSCHOKOLADENFÜLLUNG
100 g Milchschokolade
2 Esslöffel süße Sahne
50 g Butter

1. Für die marmorierte Schoko-Vanille-Masse die Butter in der Mikrowelle schmelzen. Das Mehl in eine Schüssel sieben und nacheinander die Eier, den Zucker und die geschmolzene Butter einrühren. Schlagen, bis ein glatter, geschmeidiger Teig entsteht.

2. Den Teig in zwei gleiche Teile teilen, das Mark der Vanilleschote auskratzen und unter eine der Teighälften mischen.

3. Das Kakaopulver in der heißen Sahne auflösen und die Mischung unter den Rest des Teiges rühren.

4. Den Vanille- und den Kakaoteig übereinander in 4 Silikonförmchen füllen und für 1 Stunde kaltstellen.

5. Für den flüssigen Kern die Milchschokolade, die Sahne und die Butter zusammen schmelzen lassen. Die Masse in Silikonmatten mit Halbkugelmulden füllen und 1 Stunde einfrieren.

6. Den Backofen auf 200 °C (Thermostat 6–7, Gas Stufe 4) vorheizen. Die Formen aus dem Gefrierfach nehmen und je eine Kugel (2 Halbkugeln) in die Mitte eines jeden Teigförmchens geben, leicht eindrücken, anschließend in den Ofen schieben und 10 Minuten backen.

Bitterschokoladenküchlein mit Pistazienfüllung

KÜCHLEINTEIG
2 Eier
50 g Rohzucker (brauner Zucker)
1 Esslöffel Mehl
1 Esslöffel Speisestärke
140 g Bitterschokolade
(70 % Kakaoanteil)
110 g Butter
3 Esslöffel süße Sahne

PISTAZIENFÜLLUNG
100 g weiße Schokolade
1 Esslöffel Pistazienpaste
10 g Pistazien, gehackt
3 Esslöffel süße Sahne

1. Für die Pistazienfüllung die weiße Schokolade mit der Pistazienpaste, den gehackten Pistazien und der süßen Sahne im mäßig warmen Wasserbad schmelzen. Die Masse in Silikon-Halbkugelformen füllen und 1 Stunde einfrieren.

2. In der Zwischenzeit den Teig für die kleinen Kuchen vorbereiten. Die Eier und den Rohzucker in eine Schüssel geben und zu einer hellen, schaumigen Masse aufschlagen. Das gesiebte Mehl und die Speisestärke hinzufügen und weiter schlagen. Die Schokolade, die Butter und die Schlagsahne im Wasserbad schmelzen.

3. Die Schokoladenmasse in die Eier-Zucker-Mehl-Mischung geben und rühren, bis ein glatter, geschmeidiger Teig entsteht.

4. Den Backofen auf 200 °C (Thermostat 6–7, Gas Stufe 4) vorheizen. 4 hohe Dessertringe buttern und bemehlen (oder mit Backpapier auskleiden) und sie auf ein mit Backpapier belegtes Backblech stellen. Teig einfüllen. Je eine Pistazienfüllung (2 Halbkugeln) in die Mitte geben und sanft eindrücken. In den Ofen schieben und 6 bis 7 Minuten backen.

Pistazienpaste gibt es in Spezialgeschäften zu kaufen. Wählen Sie die Paste vorzugsweise ohne den Zusatz von Speisefarbe, um zu vermeiden, dass die Füllung der Küchlein unnatürlich grell gefärbt erscheint.

Schoko-Pfefferminz-Küchlein

KÜCHLEINTEIG
2 Eier
50 g Rohzucker (brauner Zucker)
1 Esslöffel Mehl
1 Esslöffel Speisestärke
140 g Bitterschokolade
(70 % Kakaoanteil)
110 g Butter
3 Esslöffel süße Sahne (gekühlt)
1 Esslöffel Pfefferminzsirup

VANILLE-PFEFFERMINZ-FÜLLUNG
1 Ei
2 Esslöffel Zucker
1 Esslöffel Mehl
1 Vanilleschote
100 ml Milch
10 g Butter
7 Esslöffel süße Sahne
6 frische, fein gehackte Pfefferminzblätter

1. Für die Füllung das Ei mit dem Zucker zu einer hellen, schaumigen Masse aufschlagen. Das gesiebte Mehl unterheben.

2. Die Milch mit der Butter, dem Vanillemark und der –schote aufkochen lassen. Alles zusammen in die Ei-Zucker-Masse geben, gut durchrühren. Anschließend in die Kasserolle zurückgießen und 10 Minuten unter ständigem Rühren auf niedriger Flamme weiterkochen, bis die Creme gut eingedickt ist. Die Vanilleschote entfernen.

3. Die so entstandene Konditorcreme (Crème pâtissière) abkühlen lassen. Ist die Creme lauwarm, die sehr kalte süße Sahne steif schlagen. Mit einem Spatel die Konditorcreme zusammen mit der gehackten Pfefferminze unter die Sahne heben.

4. Die Creme in eine Silikonmatte mit Halbkugelmulden füllen und 1 Stunde einfrieren.

5. In der Zwischenzeit den Kuchenteig zubereiten. Die Eier und den Rohzucker in eine Schüssel geben und zu einer weißlichen, schaumigen Masse aufschlagen. Das gesiebte Mehl und die Speisestärke hinzugeben und weiter schlagen.

6. Die Schokolade, die Butter und die süße Sahne im Wasserbad schmelzen.

7. Die Schokoladenmasse in die Eier-Zucker-Mehl-Mischung einrühren, bis ein glatter, homogener Teig entsteht, und anschließend den Pfefferminzsirup hinzugeben.

8. Den Backofen auf 200 °C (Thermostat 6–7, Gas Stufe 4) vorheizen. 4 Portionsaufaufformchen buttern und bemehlen und den Teig einfüllen. Je eine Vanille-Minze-Kugel (2 Halbkugeln) in die Mitte legen und leicht eindrücken. In den Ofen schieben und 6 bis 7 Minuten backen.

Maronenküchlein mit Nussfüllung

KÜCHLEINTEIG
60 g Butter
2 Eier
30 g Mehl
200 g Maronencreme (Crème de Marrons)
50 g gehackte kandierte Esskastanien (Marrons glacés)

HASELNUSSFÜLLUNG
50 g dunkler Nougat
10 g mild gesalzene Butter
2 Esslöffel süße Sahne
2 Esslöffel gemahlene Haselnüsse

1. Für die Füllung die Nougatschokolade mit der Butter und der süßen Sahne im Wasserbad schmelzen. Die gemahlenen Haselnüsse einrühren. In eine Eiswürfelform geben und 1 Stunde gefrieren lassen.

2. In der Zwischenzeit den Kuchenteig zubereiten. Die Butter in der Mikrowelle schmelzen lassen. Die Eier schaumig schlagen, die geschmolzene Butter, das Mehl und die Maronencreme hinzugeben und die gehackten kandierten Kastanien einarbeiten.

3. 4 Dessertringe buttern und bemehlen (oder mit Backpapier auskleiden) und diese auf ein mit Backpapier ausgelegtes Backblech stellen. Zu ²/₃ mit Teig füllen und für 30 Minuten vor dem Backen in den Kühlschrank stellen.

4. Den Ofen auf 180 °C (Thermostat 6, Gas Stufe 3) vorheizen. Die Törtchenformen aus dem Kühlschrank nehmen und jeweils eine Haselnussfüllung (2 Halbkugeln) in die Mitte legen. In den Ofen schieben und 7 bis 8 Minuten backen. Vorsichtig aus der Form nehmen.

Um die Küchlein perfekt und unbeschadet aus der Form zu bekommen, empfiehlt sich die Verwendung von Ringausstechformen oder Dessertringen aus Inox, die man mit Backpapier auskleidet.

Nussküchlein mit Karamellkeksfüllung

KÜCHLEINTEIG
5 Karamellkekse (z. B. Lotus, Rioba)
70 g Butter
1 Ei + 1 Eigelb
100 g Puderzucker
80 g fein gemahlene Haselnüsse
6 Esslöffel süße Sahne
50 g grob gehackte Haselnüsse

KARAMELLKEKSFÜLLUNG
50 g Milchschokolade
2 Esslöffel süße Sahne
15 g mild gesalzene Butter
1 Karamellkeks

1. Für den Küchleinteig die Karamellkekse mit dem Teigroller zu sehr feinen Bröseln zerdrücken. Die Butter in der Mikrowelle schmelzen.

2. Die Eier mit dem Puderzucker, den fein gemahlenen Haselnüssen und den zerstoßenen Karamellkeksen mischen. Die Sahne, die geschmolzene Butter und die gehackten Nüsse unterrühren. Den Teig kaltstellen.

3. Für die Füllung die Milchschokolade mit der Butter in der süßen Sahne im Wasserbad schmelzen und den grob zerstoßenen Karamellkeks darunter geben. Diese Ganache in die Mulden einer Silikonform füllen und 1 Stunde in das Gefrierfach stellen.

4. Den Ofen auf 180 °C (Thermostat 6, Gas Stufe 3) vorheizen. 4 Dessertringe buttern und bemehlen (oder mit Backpapier auskleiden) und auf ein mit Backpapier belegtes Blech stellen. Jeweils zu ⅔ mit Teig befüllen und eine Portion Karamellkeks-Ganache darauf legen. In den Ofen schieben und 7 bis 8 Minuten backen.

Karamellkekse sind eine belgische Spezialität, bei uns sind sie vor allem als einzeln verpackte Zugabe zum Kaffee bekannt.

Orangenküchlein mit Grand-Marnier-Füllung

KÜCHLEINTEIG
2 Eier
125 g Zucker
125 g Butter
75 g Mehl
½ Tütchen Backpulver
50 g Grieß (mittlere Körnung)
½ Orange

SIRUP
1 Orange
50 g Rohzucker (brauner Zucker)
50 ml Grand Marnier

GRAND-MARNIER-FÜLLUNG
75 g weiße Schokolade
50 ml Grand Marnier

1. Für die Füllung im warmen Wasserbad die weiße Schokolade im Grand Marnier schmelzen. Gut verrühren. Halbkugel-Silikonbackformen mit der Schokoladenmischung füllen und 1 Stunde einfrieren.

2. In der Zwischenzeit den Küchleinteig zubereiten. Die Eier und den Zucker zu einer hellen, geschmeidigen Masse aufschlagen. Die Butter in der Mikrowelle schmelzen.

3. Das Mehl, das Backpulver und den Grieß mischen, die geschmolzene Butter und die Eier-Zucker-Mischung einrühren. Von der halben Orange Zesten abschälen, dann die Orange auspressen. Beides unter den Teig mengen und ihn kaltstellen.

4. Für den Sirup die Orange auspressen und von den Schalen Zesten nehmen. Unter den Rohzucker und den Grand Marnier mischen und 5 Minuten köcheln lassen.

5. Den Backofen auf 180 °C (Thermostat 6, Gas Stufe 3) vorheizen. 6 Portionsauflaufformen mit Papierbackförmchen auslegen. Diese zu ⅔ mit dem Teig befüllen. In jede Form eine Grand-Marnier-Füllung (2 Halbkugeln) geben und leicht eindrücken. In den Ofen schieben und gut 15 Minuten backen.

6. Den Orangensirup über die noch warmen Küchlein in der Form gießen. Nach dem Abkühlen mit den Papierförmchen aus der Form nehmen.

Variieren Sie diese Köstlichkeit und wagen Sie neue Kombinationen zwischen Zitrusfrüchten und Likören wie Pampelmuse und Amaretto oder Zitrone und Limoncello …

Ingwerküchlein mit Mangofüllung

KÜCHLEINTEIG
30 g Ingwer
100 g Butter
110 g Mehl
½ Päckchen Backpulver
2 Eier
110 g Zucker

MANGOFÜLLUNG
50 g Fruchtfleisch einer Mango
1 Teelöffel Honig
50 g weiße Schokolade

1. Für den Küchleinteig den Ingwer schälen und raspeln. Die Butter im Mikrowellenherd schmelzen. Backpulver unter das Mehl mischen, Eier, schließlich die geschmolzene Butter und den Zucker unterrühren. In den Kühlschrank stellen.

2. Für die Mangofüllung das Fruchtfleisch mit dem Honig im Mixer pürieren. Die weiße Schokolade im lauwarmen Wasserbad schmelzen (Vorsicht: weiße Schokolade gerinnt schon bei 45 °C) und anschließend das Mangopüree unter die geschmolzene Schokolade heben. Halbkugelformen aus Silikon mit der Mangomischung füllen und 1 Stunde gefrieren lassen.

3. Den Backofen auf 180 °C (Thermostat 6, Gas Stufe 3) vorheizen. 4 Dessertringe buttern und bemehlen (oder mit Backpapier auskleiden) und sie auf ein mit Backpapier ausgelegtes Backblech stellen. Diese zu ⅔ mit dem Ingwerteig befüllen. Anschließend in die Mitte jedes Förmchens eine Mangokugel (2 Halbkugeln) auf den Teig legen und leicht eindrücken. In den Ofen schieben und 10 Minuten backen. Abkühlen lassen und erst lauwarm aus der Form nehmen.

Schnelle Fruchtkonfekte als Füllungen

Dieses Rezept eignet sich wunderbar für eine kleine Zwischenmalzeit, besonders für Kinder, die sich über die selbst gemachten Fruchtpasten zum Kuchen freuen. Es gilt für sämtliche Früchte wie Himbeeren, Erdbeeren, Quitten, Brombeeren, Aprikosen …

500 g Früchte
500 g Zucker

1. Früchte mit dem Zucker in einem breiten Topf unter ständigem Rühren aufkochen, bis sich die Masse vom Topfboden löst: Das heißt, man kann den Topfboden noch 3 bis 4 Sekunden nach dem Löffelstrich sehen. (Kochzeit insgesamt 45 Minuten).

2. Das Fruchtmus in die Mulden einer Silikonform oder in eine mit Backpapier ausgelegte Form streichen. Trocknen lassen und anschließend in Würfel, Rechtecke etc. schneiden und in Zucker wälzen.

3. Vor dem Backen der Küchlein (siehe nachfolgende Seiten) ein Stück des Fruchtkonfekts auf den Teig legen und mit etwas Teig überdecken. Das übrige Fruchtkonfekt in einer Dose luftdicht aufbewahren.

Falls Sie nicht die Zeit haben, das Fruchtmus selbst herzustellen, funktioniert das Rezept ebenso perfekt mit den Fruchtpasten aus der Confiserie Ihres Vertrauens.

WÄHLEN SIE REIFE FRÜCHTE DER SAISON.

STÄNDIG RÜHREN, DAMIT NICHTS AM BODEN ANBRENNT.

EISWÜRFELFORMEN SIND PRAKTISCH,

UM DAS FRUCHTKONFEKT ZU PORTIONIEREN.

DIE FORMEN NICHT BIS ZUM RAND FÜLLEN,

DAMIT NICHTS ÜBERQUILLT.

Rührküchlein mit Fruchtfüllung

KÜCHLEINTEIG
90 g Butter
2 Eier
50 g Zucker
150 g Mehl
½ Päckchen Backpulver
4 Esslöffel süße Sahne

1. Die Butter in der Mikrowelle schmelzen lassen. Eier mit dem Zucker schaumig schlagen. Mehl und Backpulver, dann die Butter und die Sahne einrühren. Gut mischen, bis ein geschmeidiger Teig entsteht.

2. Den Ofen auf 180 °C (Thermostat 6, Gas Stufe 3) vorheizen. Die Mulden einer Silikonform zu ⅔ mit dem Teig befüllen. Ein Stück Fruchtkonfekt (siehe vorausgegangene Seite) in die Mitte darauf legen und leicht eindrücken. In den Ofen schieben und 10 Minuten backen.

Je nach Art der Früchte können Sie den Grundteig noch verfeinern.

Himbeerkonfekt (OBEN LINKS)

Geben Sie zusätzlich 50 g frische Himbeeren in den Rührteig.

Erdbeerkonfekt (OBEN RECHTS)

Geben Sie das Mark einer Vanilleschote in den Grundteig.

Brombeerkonfekt (UNTEN LINKS)

Fügen Sie der Teigmischung die Zesten und den Saft einer Limone hinzu.

Aprikosenkonfekt (UNTEN RECHTS)

Legen Sie feine Streifen einer frischen Aprikose oben auf die Küchlein.

Kokosküchlein mit exotischem Kern

KOKOSKÜCHLEIN
2 Eier
100 g Zucker
180 g Kokosraspeln

TROPISCHER FRUCHTKERN
100 g Fruchtfleisch (Mango, Ananas …)
50 g Zucker
50 ml brauner Rum

1. Die tropischen Früchte schälen und im Mixer pürieren.

2. Zucker in etwas Wasser in einer Kasserolle schmelzen und warten, bis er eine leicht bräunliche Färbung annimmt. Das Fruchtpüree einrühren, den Rum zugeben, flambieren und die Masse einkochen, bis sie eindickt.

3. Das Fruchtkompott in kleine, dreieckige Silikonformen geben, sodass diese zu einem Drittel gefüllt sind. Anschließend für 2 Stunden in das Gefrierfach stellen.

4. Inzwischen den Grundteig zubereiten. Die Eier und den Zucker schaumig schlagen, bis die Masse eine weißliche Färbung annimmt, und die Kokosraspeln dazugeben.

5. Den Backofen auf 180 °C (Thermostat 6, Gas Stufe 3) vorheizen. Das gefrorene Fruchtpüree aus den Formen nehmen. 6 Muffinformen zu ⅔ mit der Kokosteigmischung befüllen und ein Fruchtpüreedreieck hineindrücken. Anschließend mit etwas Kokosmasse bedecken. In den Ofen geben und 10 Minuten backen.

Eierküchlein mit Kirschfüllung

EIERKUCHENTEIG
100 g Mehl
2 Eier
150 g Milch
100 ml süße Sahne
50 g Zucker zum Bestreuen

KIRSCHFÜLLUNG
100 g reife Süßkirschen
75 g Zucker
50 ml Kirschschnaps

1. Die Eier nach und nach unter das Mehl rühren, bis ein glatter, geschmeidiger Teig entsteht. Milch und Sahne dazugeben, sodass der Teig eine recht flüssige Konsistenz bekommt.

2. Ein Drittel des Teiges auf 6 Muffinformen aus Silikon verteilen und für 1 Stunde in das Gefrierfach geben. Den Rest des Teiges kaltstellen.

3. Für die Füllung die Kirschen entsteinen und zusammen mit dem Zucker und dem Kirschschnaps auf kleiner Flamme 1 Stunde zu einem dickflüssigen Kompott einkochen. Erkalten lassen.

4. Den Backofen auf 200 °C (Thermostat 6–7, Gas Stufe 4) vorheizen. Die Muffinformen aus dem Gefrierfach nehmen. Jeweils 1 Teelöffel des Kirschkompotts in die Mitte jeder Form geben und anschließend mit Teig bedecken. In den Ofen schieben und 10 Minuten backen. Vorsichtig aus der Form nehmen. Mit Zucker bestreuen.

Der Grundteig entspricht dem eines Clafoutis, eines französischen Eierkuchens. Umso größer die Überraschung, wenn er einmal gefüllt daher kommt.

Zögern Sie auch hier nicht, eigene Erfahrung zu sammeln, indem Sie das Rezept Ihrem Geschmack anpassen.

Birnenmuffins mit Feigenfüllung

MUFFINTEIG
2 Birnen
Saft von 1 Zitrone
200 g Mehl
½ Tütchen Backpulver
150 g Kristallzucker
2 Eier
30 g Butter
100 ml süße Sahne

FEIGENFÜLLUNG
3 getrocknete Feigen
1 frische Feige
50 ml Armagnac
50 g Zucker

1. Die Birnen schälen und entkernen. Eine der beiden in kleine Würfel schneiden. Die andere zusammen mit dem Zitronensaft pürieren.

2. Mehl, Backpulver und Zucker mischen und nach und nach die Eier, die geschmolzene Butter, die süße Sahne und schließlich die Birnenwürfel und das Birnenpüree dazugeben. Den Teig 30 Minuten kaltstellen.

3. Für die Feigenfüllung sämtliche Zutaten pürieren.

4. Den Backofen auf 180 °C (Thermostat 6, Gas Stufe 3) vorheizen. 6 Papierförmchen oder 6 Muffinformen mit dem Teig befüllen. Anschließend einen gehäuften Teelöffel Feigenpüree in die Mitte geben. In den Ofen schieben und 10 Minuten backen.

Muffins nach Art einer Zitronentarte

ZITRONENTARTETEIG
200 g Mehl
150 g Zucker
½ Tütchen Backpulver
100 ml süße Sahne
30 g Butter
2 Eier
Saft und Zesten von 2 Zitronen
100 ml Limoncello (Zitronenlikör)

ZITRONENFÜLLUNG
50 g Butter
75 g Zucker
Saft von 1 Zitrone
10 g Speisestärke
1 Ei

1. Für den Tarteteig Zitronen auspressen und Zesten davon schneiden.

2. Mehl, Backpulver und Zucker vermengen und die Eier, die geschmolzene Butter, die süße Sahne und den Limoncello nach und nach einrühren. Zuletzt den Zitronensaft und die Zitronenzesten unterheben. Den Teig kaltstellen.

3. Für die Füllung die Butter mit dem Zucker in dem Zitronensaft schmelzen, die Speisestärke und das Ei dazugeben und rühren, bis eine glatte, geschmeidige Masse entstanden ist.

4. Halbkugelformen aus Silikon mit der Zitronenmasse füllen und 1 Stunde gefrieren lassen.

5. Den Backofen auf 180 °C (Thermostat 6, Gas Stufe 3) vorheizen. 6 Muffinformen mit Teig füllen und in die Mitte einen Teelöffel Zitronenmasse geben. In den Ofen schieben und 10 Minuten backen.

Englische Cremes

GRUNDREZEPT
1 l Milch
8 Eigelb
200 g Zucker

1. Die Eigelbe mit dem Zucker zu einer hellen, schaumigen Masse aufschlagen.

2. Die Milch zum Kochen bringen, in die Eimasse gießen und aufschlagen.

3. Diese Mischung in einen neuen Topf umfüllen und auf schwachem Feuer 10 Minuten unter ständigem Rühren erhitzen (Vorsicht, die Temperatur der Englischen Creme darf 85 °C nicht übersteigen, also nicht überhitzen). Die Englische Creme ist fertig, sobald sie einen Holzkochlöffel mit Creme überzieht.

Englische Creme Café (OBEN LINKS)

Der kalten Milch 2 Tassen Espresso beigeben und mit gemahlenen Kaffeebohnen bestäuben.

Englische Creme Pistazie (UNTEN LINKS)

Der kalten Milch 1 Esslöffel Pistazienpaste beigeben und mit gehakten Pistazien bestreuen.

Englische Creme Schokolade (OBEN RECHTS)

In die kalte Milch 3 Esslöffel Kakaopulver rühren.

Englische Creme Vanille (UNTEN RECHTS)

Der kalten Milch das Mark und die beiden Hälften einer Vanilleschote beigeben.

Schlagsahnecremes und Fruchtpürees

Schlagsahnecremes

Natur

500 ml süße Sahne mit 150 g Zucker in den Sahnesiphon geben und kalt werden lassen.

Mit Karamellbonbons

500 ml süße Sahne mit 10 weichen Karamellbonbons erhitzen, in den Sahnesiphon geben und erkalten lassen.

Mit Früchten

500 m süße Sahne mit 200 g Fruchtpüree (durch ein Sieb passiert) mischen und in den Sahnesiphon geben. Kalt werden lassen.

Mit Nutella

500 ml süße Sahne und 150 g Nutella erhitzen, in den Sahnesiphon geben und erkalten lassen.

Mit Lakritz

500 ml süße Sahne mit 4 Lakritzstangen erhitzen, 100 g Zucker hinzugeben, in den Sahnesiphon gießen und kalt werden lassen.

Mit Sirup

500 ml Sahne mit 100 ml Sirup (Pfefferminz, Mandel, Granatapfel …) mischen, in den Sahnesiphon geben und erkalten lassen.

Fruchtpürees

Aprikose

500 g Aprikosen, 150 g Zucker zusammen mit einem Sträußchen Zitronenthymian 20 Minuten erhitzen und pürieren. Kalt servieren.

Erdbeere

300 g frische Erdbeeren mit dem Saft einer Zitrone, 6 Basilikumblättern und 50 g Zucker pürieren und durch ein feines Spitzsieb streichen.

Himbeere

300 g frische Himbeeren, 50 g Zucker, 50 ml Himbeerlikör (18%) und den Saft einer Orange pürieren und durch ein feines Spitzsieb passieren.

Blaubeere

300 g Blaubeeren mit 50 g Zucker und 10 ml Muscat de Rivesaltes (Dessertwein) pürieren und durch ein feines Spitzsieb streichen.

Pfirsich

500 g Pfirsiche kurz in heißes Wasser tauchen, häuten und entkernen. Anschließend das Fruchtfleisch mit 100 g Zucker und einem Bund Pfefferminzblätter pürieren.

Bezugsquellen

IKEA Deutschland
www.ikea.com
www.ikea.de

Habitat® Küchenaktion
www.habitat.de

The Conran Shop
117 rue Bac
75007 PARIS
www.conranshop.com

Küchenladen
Inh. Stephan Aleithe
Knesebeckstrasse 26
10623 Berlin
Tel.: 030 8 81 39 08
Fax: 030 8 81 34 08
E-Mail: info@kuechenladen.com
Internet: www.kuechenladen.com

F. S. Kustermann GmbH
Viktualienmarkt 8
80331 München
Tel.: 089 2 37 25-0
Fax: 089 2 37 25-167
E-Mail: info@kustermann.de

Cucinaria Kitchen-Equipment
Handels-GmbH
Straßenbahnring 12
20251 Hamburg
Tel.: 040 8 06 09 99-0
Fax: 040 8 06 09 99-10
E-Mail: info@cucinaria.de

Danke an Akiko, die in Begleitung erschien, um mit mir den Berg der Küchlein abzuarbeiten …
Wenn dein Kind einmal diese Kuchen nicht mag, dann weißt du, weshalb! Danke an Stephanie Huré für
ihre Hilfe bei den Fotos. Und Danke auch an GG: Ach nimm doch noch ein winzig kleines Stückchen!

© der deutschen Übersetzung 2013 Jan Thorbecke Verlag der Schwabenverlag AG, Ostfildern
© der Originalausgabe mit dem Titel „Moelleux et Cœurs coulants" 2011 bei Hachette Livre – Marabout
www.thorbecke.de

Übersetzung: Christina Frauendorf-Mössel
Umschlaggestaltung: Finken & Bumiller, Stuttgart
Umschlagabbildung und Fotos im Innenteil: Akiko Ida
Druck: Graficas Estella, Spanien
ISBN 978-3-7995-0231-6